PETITES NOUVELLES

LITTÉRAIRES

PAR

Jules PAYEN

PARIS

CHEZ TOUS LES LIBRAIRES

—

1878

—

PETITES
NOUVELLES
LITTÉRAIRES

PAR

Jules PAYEN

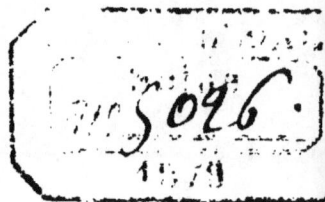

PARIS
CHEZ TOUS LES LIBRAIRES
—
1878
—

DÉDICACE

A MA TRÈS-EXCELLENTE MÈRE

Connaissant vos douces qualités et votre sublime désintéressement, j'ai jugé inutile de vous demander votre approbation pour vous dédier ce petit ouvrage.

Acceptez-le comme hommage et en récompense des bienfaits que vous n'avez cessé de me prodiguer.

Par vos sages conseils, par vos principes d'éducation et par l'exemple d'un bon père, vous avez répandu dans mon âme la semence du bien, le sentiment du beau et du vrai. Vous avez fait rejaillir sur moi les gouttelettes de cette source si riche et si féconde.

Que ce petit livre soit donc le piédestal d'une gloire qui vous appartient. Qu'il vous apporte le bonheur, la consolation des misères passées! Qu'il reçoive en outre du lecteur un accueil favorable et que la critique ne soit pas par trop sévère.

Votre très-affectionné fils,
J. PAYEN,

A MON EXCELLENT

ET

SUPRÊME AMI

E. NOALHAT

Dans les sentiers ardus, de l'austère existence,
Que nous gravissons tous d'un pas mal assuré,
Un grand et noble cœur relève l'espérance !
Et conduit à bon port l'ami désespéré.

J. PAYEN.

UNE
PREUVE D'ESPRIT

UNE PREUVE D'ESPRIT

Un brave et ancien capitaine d'Afrique, nommé Bernard, désirait permuter pour un régiment qui résidait en France.

A cet effet il fit sa demande au colonel, son compatriote et ami dévoué.

Un temps assez long s'écoula, pendant lequel l'ennui et l'impatience gagnèrent Bernard.

Un certain jour, qu'il était à bout de patience et que les promesses réitérées n'aboutissaient à rien, il crut devoir prendre une décision définitive.

Il rédigea deux lettres : l'une pour son colonel, dans laquelle il le priait instamment de faire une dernière démarche chez le général B***, et l'autre adressée à ce dernier, lui renouvelant son désir de permutation.

Après l'envoi de ces deux missives le capitaine Bernard se sentait plus à l'aise, car à force de demander il espérait cette fois bien mieux réussir. Il attendait donc une réponse presque satisfaisante quand, deux heures après le départ de ses lettres, il reçut la visite de son colonel.

— Je vous salue, cher ami, s'écria le colonel en entrant chez le capitaine et en s'asseyant sans préambule sur un siége qui se trouvait à sa portée, vous avez dû vous tromper en m'écrivant. J'ai reçu sous mon enveloppe une lettre adressée au général B*** Je suppose donc que la mienne est entre les mains du général.

— Mon Dieu! serait-il possible, s'écria le capitaine Bernard d'un air hébété, que j'ai eu la fatalité de commettre une semblable bévue! Ah! par exemple, c'est à en perdre la tête; et moi dans votre lettre je vous disais : « Cette vieille bête de général, mais à quoi pense-t-il donc de ne pas m'accorder ma permutation? » Ah! je suis perdu, tous mes rêves s'écroulent!..

— S'il en est ainsi, je regrette pour vous

ce fâcheux incident et surtout l'épithète de
« vieille bête. » Je tâcherai cependant d'a-
planir votre mauvaise situation, mais je n'en
réponds pas ; le général est assez susceptible. Je ne puis le voir maintenant que de-
main à la revue, et vous savez comme moi
que ce n'est guère là le moment favorable
pour lui parler d'un fait pareil.

Jugez du tourment et de l'angoisse du capitaine Bernard. Après cet incident, il fut
maussade et ne dormit pas de la nuit.

Le lendemain, vers dix heures du matin,
la revue eut lieu ; mais, comme le colonel
l'avait prévu, il ne put aborder une semblable question.

Après la revue le général B*** arrêta son
cheval devant la compagnie du capitaine
Bernard, puis il promena un regard scrutateur sur ses hommes.

Pendant ce court instant l'angoisse du capitaine redoubla. Il était sur le point de dé-
faillir lorsque le général lui cria à haute
voix : « Capitaine Bernard, approchez-vous. »

Pâle et tremblant, et sous le coup d'une
émotion facile à comprendre, il parvint cependant à se traîner jusque sous les pieds
du cheval de son général.

Il ouvrait la bouche pour demander grâce

de son erreur quand le général, voyant son embarras et sa mine contrite, lui dit d'une voix calme et d'un air souriant :

— Capitaine Bernard, j'ai reçu hier votre lettre, votre permutation est accordée.

UNE
BONNE LEÇON

UNE BONNE LEÇON

·———

Un dimanche de l'hiver 1872, deux hommes se trouvaient réunis au café du Soleil.

Assis, face à face à l'une des tables de marbre, ils passaient la soirée à jouer au loto.

Ce café, quoique situé dans un des quartiers les plus excentriques et avoisinant l'une des plus grandes barrières de Paris, rivalisait néanmoins par son luxe et son confortable avec les plus riches cafés des boulevards intérieurs.

— Allons!.. ouvrez l'œil! à quoi pensez-vous donc? s'écrie le brigadier d'octroi Voitou au père Martin son partenaire. Je viens d'appeler le n° 9, et vous ne le marquez pas?

— Tiens! cela est vrai, brigadier Voitou, je m'oublie. J'aime bien le jeu de loto, mais cependant je préfère celui des cartes... Neuf! c'est posé...

Puisque vous préférez les cartes, père Martin, nous les prendrons après cette partie.

Je n'y tiens pas précisément, seulement, voyez-vous... les chiffres... n'ont jamais été de mon goût; c'est avec grand'peine que j'ai pu apprendre les quatre règles.

— Alors, c'est convenu, cette partie est la dernière que... N° 22... Quine!.. J'ai gagné, père Martin! On vous dit cependant d'une force extraordinaire à ce jeu, et je vous gagne?..

Tiens! parbleu, cette bonne blague, vous me gagnez, dites-vous? mais je ne vois là rien de bien surprenant, brigadier Voitou. C'est un coup du hazard! à ce jeu, un ignorant peu gagner comme vous.

— Ah! père Martin, je n'accepte pas cette réplique, c'est une injure que vous m'envoyez-là! Un ignorant peut gagner comme moi, mais sachez donc que si je suis brigadier d'octroi, ce poste élevé!.. m'a été confié d'après mes capacités, et que tous les agents ne peuvent y arriver!..

— Ah! ah! ah! la bonne farce que vous me contez-là! alors, à vous entendre dire, il n'y en a plus comme vous?

— Oui! père Martin... et je serai nommé... contrôleur... entendez-vous bien? à la première place vacante...

— Je veux bien vous croire sous ce rapport, mais ne me soutenez pas que vous serez nommé d'après vos capacités seulement. D'après votre droit à l'ancienneté, oui, je l'admets, car vous n'êtes plus jeune, brigadier Voitou, et ce n'est pas à moi qu'il faut raconter des balivernes comme celles-là.

Enfin! bref, père Martin, parlons donc un peu de vous! Il n'y a rien de bien malin dans ce que vous faites journellement! Qu'elle intelligence faut-il, dites-moi, pour conduire toutes sortes de colis et de marchandises à Paris?

— Il en faut plus que vous croyez, et tenez, sans être aussi malin que vous dites, je me fais fort d'entrer à Paris, à votre nez, à votre barbe, et cela sans que vous vous en doutiez, un cochon! pesant plus de cent kilogrammes, comprenez-vous bien? Je répète, un cochon! pesant plus de cent kilogrammes, et encore, il sera bien vivant.

— Ah! par exemple, c'en est trop. Je vous en défie bien, père Martin; mais pour qui me prenez-vous donc?

— Oui, brigadier Voitou, je vous ferai voir ce tableau-là quand vous voudrez, et vous verrez ensuite qu'on peut être rusé sans être cependant un brigadier d'octroi.

— Eh bien! père Martin, je tiens essentiellement à voir le tableau que vous me proposez, quand cela vous fera plaisir.

— J'y consens volontiers, seulement, brigadier Voitou, faites en sorte de justifier le nom que vous portez.

Les deux amis, piqués au vif, se séparèrent.

Quinze jours environ après ce court dialogue, une femme en pleurs, tenant un enfant par la main et deux hommes portant un brancard, s'arrêtaient à l'une des barrières de Paris.

— Un blessé! s'écria le père Martin d'une voix émue au brigadier Voitou qui était de service ce jour-là.

Le brigadier s'approcha du brancard, souleva légèrement la toile de coutil et fit retentir aussitôt ces deux mots bien connus de son personnel :

— Laissez passer! Pauvre malheureux, ajouta-t-il à mi-voix tout en regagnant son poste et en apercevant des gouttelettes de sang qui tombaient en dessous du brancard.

Le cortége pénétra dans Paris.

— Halte-là! s'écria le père Martin à deux cents mètres à peu près de la barrière.

— Pierre, ajouta-t-il en s'adressant à son aide, allez prier le brigadier de venir ici avec un de ses hommes.

Cinq minutes après le brigadier constatait que le blessé introduit dans Paris n'était autre qu'un cochon grisé, habillé en homme et rasé en forme de favori.

Le père Martin avait bien fait les choses. Rien ne manquait à la toilette : chemise, cravate et blouse bleue.

De plus la tête avait été recouverte d'un bonnet de coton, placé avec adresse et habileté.

Le cochon ainsi accoutré et bien enveloppé dans plusieurs couvertures laissait croire à l'œil le plus exercé, à un véritable blessé.

Une éponge, préalablement imbibée de sang, avait été placée entre le cochon et le brancard.

Le brigadier Voltou, stupéfait, ne pouvait

2

en croire ses yeux. Il voulut d'abord protester et dresser procès-verbal, mais il se rappela sa partie de loto et son défi.

— Question d'humanité !.. Si je n'ai pas mieux vérifié, se contenta-t-il de dire d'un air penaud et embarrassé.

— Humanité ! humanité ! tant que vous voudrez, répliqua tout radieux le père Martin, toujours est-il que je vous ai fait voir le tour. Je vous engage donc à profiter de la leçon, et surtout, à l'avenir, soyez un peu plus modeste, moins susceptible, et tâchez de mieux faire votre service

On a ri beaucoup de cette singulière aventure, qui fit grand bruit parmi le personnel de l'octroi.

Le plus furieux, assurément, fut le brigadier Voitou, qui fut sur le point de perdre la tête, et même son poste, et qui ne fut jamais contrôleur.

LE
MORT VIVANT

LE MORT VIVANT!

Le 24 décembre 1835, vers huit heures du soir, Pierre Legros, cordonnier, et natif de la jolie petite ville de Méru (Oise), suivait d'un air pensif et silencieux la route départementale.

Il était porteur d'un petit sac en cuir renfermant des outils de sa profession, et il se rendait à Amblainville, où il avait été appelé pour veiller un des membres de la famille Didier qui venait de mourir.

Sa renommée de « sans peur » le faisait souvent rechercher, moyennant une légère rétribution, pour garder les trépassés.

La distance qu'il avait à parcourir était

environ de six kilomètres, et comme il était attendu pour neuf heures du soir, il marchait d'un pas accéléré et ne s'arrêtait pas pour répondre aux paroles amicales et affables que lui adressaient les personnes qui le croisaient sur la route et qui se rendaient à Méru pour assister à la messe de minuit.

Où allez-vous donc comme cela, Pierre Legros, par cet affreux temps et surtout si tard? Auriez-vous encore un mort à veiller? lui criaient les gens familiers avec lui.

Tout en marchant, Pierre Legros répondait à chacun et invariablement cette même phrase : Oui, Jean Didier d'Amblainville est mort! Neuf heures sonnaient au clocher d'Amblainville comme Pierre Legros frappait à la demeure de la famille Didier.

Il fut introduit aussitôt dans la chambre mortuaire.

Les parents du défunt se retirèrent dans une pièce voisine pour s'y reposer.

Pierre Legros, resté seul, s'installa et s'organisa à sa manière, car tout en veillant les morts, il travaillait toujours de son métier; c'était une des premières conditions qu'il imposait à la famille d'un défunt.

Il retira les outils de son sac, puis, après avoir examiné pendant un moment le visage du mort, il s'asseya et jeta un regard scrutateur dans la pièce où il était.

Cette chambre simple et modeste, n'avait pas un seul tableau appendu à sa muraille; rien, dans l'ameublement, n'annonçait l'aisance qu'avait cependant ce paysan.

Le lit était en bois peint, sans rideau, et sous la couverture d'une blancheur irréprochable, on distinguait nettement une forme humaine ayant la rigide et froide apparence de la mort.

A côté du lit, une petite table en noyer, était recouverte d'un linge blanc.

Sur cette table, un crucifix, une assiette contenant un peu d'eau bénite et un rameau de buis à plusieurs branches pour asperger le trépassé. Au quatre angles de cette table quatre cierges brûlaient; la flamme, poussée par un faible courant d'air, faisait fondre et couler la cire jusque sur les carreaux humides de la chambre. Trois chaises grossières en paille et une vieille horloge, n'ayant plus que sa petite aiguille arrêtée sur trois heures, complétaient ce médiocre mobilier.

Dans la cheminée, des souches, des racines d'arbre encore imprégnées d'une terre grasse et argileuse, se consumaient lentement en produisant peu de calorique. Au dehors, le vent mugissait plaintivement. La pluie qui commençait à tomber venait fouetter les vitres de la fenêtre, laquelle n'avait plus pour volets qu'une seule planche que le vent agitait en la faisant grincer sur ses vieux gonds rouillés. Pour tout autre que Pierre Legros, ce sinistre et lugubre tableau eût fait dresser les cheveux sur la tête; mais lui n'y fit nullement attention, et avec un calme parfait dû à sa bonne nature, il se mit tranquillement à l'ouvrage.

Vers une heure du matin, comme il battait son cuir et qu'il fredonnait un air guerrier, le mort parla...

D'abord Pierre Legros s'arrêta court et écouta; quoiqu'il fut blasé et habitué à voir la mort en face, un léger frisson parcourut néanmoins tous ses membres. N'entendant plus rien et croyant à une conversation dans la pièce voisine, il se remit à la besogne et recommença le refrain interrompu de sa chanson. Deux minutes s'étaient à peine écoulées que cette fois il entendit distinctement ces mots prononcés par le mort d'une voix caverneuse et sépulcrale : « Quand on veille un mort, on ne chante pas. »

Pierre Legros ouvrit de grands yeux, mais se remettant promptement de sa surprise, il se leva furieux, son tire-pied à la main, et en frappant le prétendu mort avec une violence extrême, il s'écria : « Quand on est mort, on ne parle pas. »

Un instant après Jean Didier, frappé mortellement, rendait le dernier soupir.

A la vue du meurtre qu'il venait de commettre, le sang afflua à son cerveau et Pierre Legros tomba foudroyé.

ZÉLIA

ZÉLIA

A vingt quatre Kilométres au sud de Paris et sur les bords si pittoresques de la route de Corbeil à Versailles, on aperçoit au milieu d'un parc immense et en plein rapport, une jolie propriété à deux étages, ayant terrasse et belvédère.

A ses pieds, l'Orge coule capricieusement en suivant les tours et détours accidentés du terrain.

Cette charmante petite rivière qui se déverse dans la Seine à Athis est très-poissonneuse et surtout très-recherchée par une partie de la population parisienne, car sous l'ombrage de ses arbres touffus et de ses plantes grimpantes, elle y trouve une agréable et douce solitude.

De quelque côté que le touriste arrête ses regards, un splendide et brillant panorama se déroule à sa vue.

Au nord, le Panthéon, les buttes Montmartre, où s'élève actuellement l'Eglise du Sacré-Cœur, les buttes Chaumont et les principaux monuments de la capitale apparaissent à l'horison sur un fond gris légèrement argenté. Par un clair et vif soleil, les rayons lumineux, reflètés par le dôme des Invalides, viennent se projeter jusqu'à vos pieds, bien que la distance en soit assez éloignée.

Au sud, et dans une belle situation, la tour de Montlhéry.

Cette forteresse parfaitement conservée, fût élevée en 1015 par Thibaut, forestier de Robert V. En 1465 Louis XI y livra bataille contre Charles le Téméraire. En 1562 elle fût prise par le prince de Condé.

De cet immense donjon, il ne reste plus que la tour principale, environnée de promenades magnifiques.

A l'ouest, des côteaux verdoyants, de jolis villages bâtis en amphithéâtre, sure plombent la route de Paris à Bordeaux.

A l'est, les riches plaines de la Bauce,

que traverse en serpentant la ligne du chemin de fer d'Orléans.

La propriétaire de ce riant Eden, avait
nom Zélia.

C'était la fille unique d'un riche indus-
triel décédé subitement au début de la guerre
Franco-Allemande.

Sa mère était morte en lui donnant le jour.

Lorsqu'elle perdit son père, Zélia avait
vingt deux ans. Elle était blonde et d'une
rare beauté. Sa voix douce et sympathique
avait un charme pénétrant. Sa taille moyenne
et quoique un peu rondelette, était fine et
souple. Sa démarche était noble et gracieuse.

Orpheline et maîtresse de ses actes ainsi
que du million qu'elle venait d'hériter, elle
fit vœu de consacrer sa vie au soulagement
des malheureux. Sa fortune appartenait à
ceux qui souffraient.

Dans la contrée, on la surnommait « la
bonne fée. »

Son entourage se composait invariablement
de cinq personnes; d'une femme de chambre,
d'une cuisinière, de deux jardiniers et d'un
cocher septuagénaire nommé Jean.

Vers la fin du siège de Paris, et sur la
demande de Zélia, une ambulance fût établie
dans son domaine.

Jour et nuit, elle veillait les malades, avec un zèle désintéressé et un dévouement sublime.

Parmi les blessés de son ambulance, se trouvait le commandant Pany, blessé grièvement sous les murs de Paris, par des éclats d'obus.

A son entrée à l'ambulance, les chirurgiens examinèrent ses blessures et le jugèrent perdu.

Ah! le malheureux qu'il doit souffrir, s'écria Zélia, avec des larmes dans la voix, vite, vite, ajouta-t-elle, ne perdons pas une minute, une seconde; soulageons sa souffrance, pansons ses plaies horribles.

Un quart d'heure plus tard, le commandant reposait dans un bon lit, et Zélia penchée sur sa couche lui disait : « Eh bien! mon ami, vous sentez-vous un peu mieux? »

— Le commandant entr'ouvrit légèrement ses yeux ternes et d'une voix affaiblie par la douleur, répondit: « merci. »

Grace aux bons soins assidus de Zélia, le commandant était en pleine convalescence deux mois après, c'est-à-dire au mois de mars 1871.

A cette date, le commandant Pany avait quarante deux ans; sa taille était svelte et élégante, une forte moustache brune, ombrageait sa lèvre fine et régulière. sa physionomie était expressive, intelligente, et son teint d'une blancheur éclatante.

Un certain jour que le commandant faisait dans le parc sa promenade quotidienne, Jean ne pût retenir un mouvement de surprise en l'apercevant. Un cri de joie et de bonheur s'échappa de sa poitrine. Ah! c'est lui, c'est mon fils Paul : Paul, Paul, appela-t-il à différentes reprises et en courant vers lui. Mais plus il appelait et plus le commandant fuyait à pas précipités.

— Oh! l'ingrat, s'écria Jean, en pleurant amèrement.

Puis aussitôt, et sous le coup d'une émotion profonde occasionnée par cette fuite qui lui rappellait une scène beaucoup plus grave, il tomba inanimé sur le sol.

Un mois après ces évènements, c'est à dire le 2 mai 1871, Zélia et le commandant Pany se trouvaient réunis au salon.

Cette pièce, meublée modestement et dans le goût moderne, était néanmoins très-confortable.

Zélia était assise à une table et terminait une broderie qu'elle destinait à l'une des loteries qui avaient été orga-

nisées pour les malheureuses victimes de
la guerre.

Le commandant Pany en brillant unifor-
me, était sur un canapé vis-à-vis de Zélia.

—Mademoiselle, disait-il, je vous remer-
cie sincèrement de cet entretien que vous
daignez m'accorder. Avant de quitter peut
être pour toujours votre toit si hospitalier, je
suis heureux de vous dire combien j'ai été
touché de votre dévouement et de l'empres-
sement que vous avez mis pour accomplir
votre difficile et pénible tâche. Veuillez donc
recevoir mon estime et mon témoignage de
reconnaissance. C'est à vous seule mademoiselle, à qui je dois ma guérison. Sans vous,
je devais mourir, aussi, en vous quittant,
j'emporte dans mon cœur des regrets pro-
fonds et sincères, et un souvenir ineffaçable
de votre adorable personne.

Il s'arrêta, et une l'arme humecta sa paupière.

—Commandant, lui répondit Zélia, je ne
mérite pas les louanges que vous m'adressez.
Par ce temps de guerre, chacun doit faire son
devoir selon ses moyens et ses forces. Par
ma fortune et mon entière liberté, je puis et
je dois faire plus que les autres, pour soulager mes semblables et soutenir ma patrie.

Vous voyez donc bien, commandant que vous n'avez pas à me remercier.

— Oh, mademoiselle! votre modestie et votre abnégation, me lient d'avantage envers vous. Non, jamais, je ne parviendrai à acquitter la dette sacrée que je vous dois.

—Si, vous le pouvez.

— Mais comment cela?

— En oubliant cette dette que vous ne devez pas, répondit Zélia; puis aussitôt elle ajouta : Vous êtes quitte, par votre sang versé, pour la patrie.

Oh! non, je n'oublierai. Mon Dieu! que cette séparation m'est pénible et cruelle! exclama avec douleur le commandant. J'usqu'à ce jour, je vous ai caché mon amour! Je vous adore, Zélia... Unissez votre vie a la mienne et mon bonheur sera parfait.

—Cette alliance est impossible, répliqua Zélia avec hauteur et fierté, je ne puis accéder à votre désir. Je ne dois pas enchaîner mon existence, car je poursuis une œuvre d'humanité, et j'ai besoin de toute ma liberté pour la mener à bien. Ainsi je vous prie de ne plus y songer, dit-elle en se levant de son siége et en lui tendant froidement la main : Adieu, ajoutat-elle d'une voix sèche et brève,

Le commandant, stupéfait de ces réponses

qui n'admettaient aucune réplique, s'était néanmoins levé, puis jeté aux pieds de Zélia :

— Ah ! Zélia, pourquoi me dites-vous adieu ? Je vous aime ! vous êtes ma vie, mon bonheur, je ferai et subirai toutes vos volontés... Je vous laisserai votre liberté, je vous servirai en esclave ; mais hélas ! ne me repoussez pas. Zélia lui tendit de nouveau la main. — Adieu, lui dit-elle une seconde fois, j'ai fait pour vous tout ce qu'il était possible de faire, ma conscience ne me reproche rien, Je ne dois pas, je ne veux pas me marier.

— Puisqu'il en est ainsi, Zélia, vous auriez dû me laisser mourir. Pouvez-vous me dire au moins le motif de votre refus, de votre détermination.

— Je vous l'ai déjà dit, commandant.

— Alors, je comprends, vous n'avez aucun amour pour moi, Zélia.

— Eh bien ! non, répondit-elle avec animosité, puisque vous me forcez à vous faire un aveu pénible que je voulais garder, écoutez-moi donc :

« Je n'ai ni amour ni estime pour celui « qui renie son père ; pour cet homme, je « n'ai que de l'aversion et du mépris. »

A ces mots, qui lui sonnaient à l'oreille

comme un glas funèbre, le commandant se releva brusquement.

— Ah! mon Dieu, que dites-vous-là, Zélia, mais c'est une affreuse calomnie que je ne mérite pas.

— Si monsieur.

« Vous avez renié votre malheureux père, « vous avez refusé de le recevoir, parce qu'il « n'est pas habillé élégamment, parce qu'il « porte la blouse du travailleur. Mais vous « savez que sous cette blouse il y a un bon « cœur, un honnête homme, un père qui « vous aime et qui vous chéri, et que vous, « vous repoussez. Oh! oui, votre fierté et « votre orgueil vous porteront malheur. Et « quand vous reviendrez à de meilleurs sen- « timents, si toutefois vous y revenez, il ne « sera peut être plus temps. Le remords, « ce mal terrible et rongeur, vous poursui- « vra sans cesse et contrariera votre exis- « tence. A qui devez-vous le grade que vous « portez et l'avenir brillant qui sans doute « vous attend? A votre père, a ce bon vieil- « lard, qui toute sa vie a travaillé pour vous « élever, vous nourrir et vous instruire. « Tout son faible gain passait à votre édu- « cation militaire. Et vous avez le cynisme « de le renier? Non, vous n'avez ni cœur ni

« sentiment, car vous sentiriez ses souf-
« frances morales. Ah! monsieur, je dois
« vous dire que votre conduite est indigne
« d'un officier français et, tôt ou tard, vous
« subirez les effets de votre bassesse et de
« votre infâmie. »

— Grâce, Zélia, je vous en supplie,
grâce, je suis innocent,

— Comment, monsieur, vous ne croyez pas
encore! Non, vous n'êtes pas innocent, je veux
tout vous rappeler à la mémoire, afin de vous
convaincre, de vous rendre exorable.

« Avant la guerre, votre père ne pouvait
« obtenir une simple réponse à ses lettres
« suppliantes. Sachant votre rapprochement
« de sa localité, il part, un matin, à pied et
« en sabots, malgré son âge avancé et la
« distance de soixante kilomètres qu'il avait
« à parcourir. Exténué de fatigue, se soute-
« nant à peine et n'ayant pris aucune nour-
« riture depuis vingt-quatre heures, il arrive
« néanmoins à votre caserne. Le bonheur de
« voir son fils lui fait oublier ses souffrances.

« Ce jour-là, par exception, vous étiez à
« déjeûner au mess. On vous fit appeler, en
« vous disant que votre père était à la porte
« et qu'il désirait vous voir et vous parler.

« Mon père, répondîtes-vous ironique-

« ment, il y a bien longtemps qu'il est
« mort. »

Oh! mot cruel de la part d'un fils.

« Cependant vous vous leviez de table et
« vous veniez voir celui qui vous deman-
« dait. En vous voyant, votre père tout heu-
« reux se disposait à vous embrasser, mais
« vous ne lui en donniez pas le temps, et
« vous le repoussiez même assez durement
« en lui disant : Vous vous trompez, bon-
« homme, je ne vous connais pas. Puis,
« aussitôt, vous rentriez finir votre déjeuner
« et vous le laissiez dehors, en proie à la
« plus profonde douleur, se tordre de déses-
« poir, sans même daigner lui faire donner
« du secours. Ah! cela est incompréhensible.
« Ne pouvant rien obtenir de vous votre
« père se rendit, mais bien à regret, chez
« votre colonel. Celui-ci vous fit appeler, et
« reconnaissant la juste requête de votre
« père, il vous fit une verte semonce que
« je m'abstiens de vous redire. Ce loyal co-
« lonel consola votre père le mieux qu'il put.
« Il le réconforta; puis ensuite il lui donna
« une pièce de monnaie pour retourner chez
« lui en voiture.

« Depuis cette époque vos collègues et
« amis fuyaient votre société. Vous étiez

« méprisé, parfois outragé et montré à l'in-
« dex dans votre régiment. Ceci se passait
« quinze jours auparavant la déclaration de
« guerre. »

— Vous voyez, monsieur, que je suis parfaitement renseignée. Et la scène du parc,
croyez-vous que je l'ignore? Oh! non.

Puisque votre père est abandonné de son
fils, eh bien! monsieur, ajouta Zélia en
relevant la tête avec noble grâce et en fixant
le commandant avec un regard de mépris...
Je veillerai sur lui et j'aurai soin de sa vieillesse. Je serai sa fille, et maintenant, monsieur, vous pouvez vous retirer. Dieu vous
châtiera à son tour.

Pendant cette sentence morale le commandant Pany était resté tout atterré. Son indigne
conduite lui revenait à la mémoire.

— Jean! s'écria Zélia d'une voix où perçait
l'émotion, venez reconduire votre fils.

Jean, qui avait tout entendu et assisté à
cette scène douloureuse, sortit en fondant en
larmes de l'embrasure d'une fenêtre où il
se tenait caché.

Ah! Paul, mon cher enfant, s'écria-t-il,
embrasse ton malheureux père qui te pardonne et qui t'aime.

Le commandant, dompté et tout ému, releva la tête en prononçant ces mots : Mon père ! et se jeta avec ivresse dans ses bras.

Trois mois après ces événements, le commandant Paul Pany épousait Zélia.

LE REPENTIR

D'UN FORÇAT

LE REPENTIR D'UN FORÇAT

Pourquoi ces fers qui me brisent et me serrent les membres comme dans un étau?

Pourquoi cette lourde chaîne qui paralyse le moindre de mes mouvements? qui me lie? qui me retient à un autre captif? et qui m'oblige en 'outre à subir, à partager les exigences, les nécessités douloureuses et pénibles du bagne?

Pourquoi donc encore ces travaux forcés, sous la surveillance des gardiens sans pitié?

Ah ! pourquoi? C'est que, hélas! je ne suis plus qu'une créature maudite de Dieu et détestée des hommes! Je n'ai plus ni bonheur, ni liberté. Tous mes droits maintenant me sont retirés, et il ne me reste plus qu'à courber la tête sous le mépris de la société toute entière qui m'a jugé et condamné.

Mon front est teint du sang de mon semblable, et cette tache cruelle ne disparaitra jamais.

Je ne suis plus qu'un misérable, je dois subir ma peine et mon châtiment sans me plaindre, je dois souffrir et endurer toutes les tortures et les angoisses mortelles pour racheter mon crime aux yeux des humains.

On ne me nomme plus que forçat n° 133. A ce nom, à ce numéro, mon sang se glace dans mes veines. Une larme, qui je crois me consolerait et me soulagerait tant, se refuse à venir humecter ma paupière. Ah! mon Dieu! s'il m'était permis de retourner en arrière et de recommencer une nouvelle vie, je ne ferais plus la sourde oreille aux bons conseils, je les suivrais fidélement et je les écouterais avec plaisir et satisfaction.

Où est donc ce temps de ma vie où, appuyé sur le bras de ma pauvre mère, nous cheminions lentement en causant dans la belle prairie du village, à l'ombre des arbres et des plantes grimpantes qui bordent le petit ruisseau d'eau claire, vive et limpide.

Puis, quand nous étions fatigués, nous nous asseyions les jambes pendantes au-dessus du ruisseau; ma mère alors me prenait la main dans la sienne et elle m'embrassait avec tendresse.

« Tu es aussi beau que ton père était, me disait-elle presque à voix basse, comme pour cacher son émotion, tes traits, ta figure et même jusqu'à ta chevelure, tout cela me rappelle son portrait. » Puis elle s'arrêtait et je voyais briller une larme dans ses doux yeux.

Je comprenais bien sa peine, et je ne troublais pas son silence.

Ah! que ces moments étaient doux; mon cœur saigne en songeant à ce bonheur qui a passé et fut comme un rêve.

J'avais quinze ans lorsque ma mère vint à mourir.

Un an après je sortais d'apprentissage, et dès ce moment je pris le parti d'agir selon ma volonté, je m'appartenais tout entier.

Ce mot « liberté » envahissait tout mon cerveau; il me souriait, il me fascinait.

Le plaisir, les jouissances de la vie m'apparaissaient à l'horison sous des formes différentes et plus enchanteresses les unes que les autres; mais, hélas! à seize ans, l'homme se fait illusion sur bien des choses.

Je menais largement l'existence, et peu à peu [les mauvaises passions s'emparèrent de moi : la paresse, l'ivrognerie, vinrent combler la coupe du mal.

Le lendemain d'une orgie, je réfléchissais à ma situation présente et je me promettais toujours de m'arrêter sur la pente du vice où je glissais de plus en plus, mais il était trop tard.

Si encore j'avais eu un ami ou un parent pour me retenir sur cette pente fatale, mais non, je n'avais plus personne, que des mauvaises sociétés, des gens sans aveu, sans dignité ; et un certain jour, ah ! jour maudit ! j'étais aveuglé par la débauche, je n'avais plus cette conscience droite que tout homme d'honneur doit avoir, je ne rêvais qu'à mes passions vicieuses, j'avais soif d'argent pour satisfaire mes goûts et pour cela je frappai dans l'ombre un pauvre malheureux. Que Dieu me pardonne ! son sang jaillit par saccades à ma figure, et là seulement je compris le degré ma faute.

Voilà, où m'a conduit l'amour des passions sensuelles, et cependant je n'ai reçu que de bons principes dans mon enfance.

O vous tous, qui n'avez pas encore failli,

où qui marchez sur la voie du crime, arrêtez-vous, car il en est toujours temps. Ne fléchissez pas, relevez-vous avec courage et énergie, travaillez au bien avec ardeur et sans relâche. Ne vous écartez pas des bons et sages avis que vous avez pu recevoir de votre mère, et à votre tour, vous montrerez la bon exemple à vos enfants, afin qu'ils deviennent des hommes dignes de la société.

Ne rebutez pas les conseils d'un malheureux, d'un réprouvé, qui n'ayant pu être utile à l'humanité, croit se faire néanmoins un devoir de vous dépeindre le danger des mauvaises compagnies et des mauvaises passions.

O jeunesse ! veuillez donc écouter la voix, ou pour mieux dire, la prière d'un forçat repentant.

4

LE PENDU

DE VERSAILLES

LE PENDU DE VERSAILLES

———

Un étrange suicide a eu lieu ces jours derniers à Versailles.

Un malheureux sexagénaire, pour mettre fin à ses jours, enjamba d'abord l'appui de sa fenêtre, et là, replié sur lui-même, il s'attacha solidement les deux pieds au moyen d'une forte corde qu'il avait préalablement attachée à la barre d'appui, puis il se lança dans le vide.

Le lendemain matin, à l'aurore, il fut trouvé pendu dans cette bizarre position.

Nous reproduisons textuellement (d'après l'assentiment de sa famille), la copie d'une lettre qui fut trouvée chez lui après son décès.

A mes chers parents et amis,

« Je me suicide volontairement. N'accusez
« donc personne de ma mort. Examinez
« sérieusement ma vie, et ensuite j'ose es-
« pérer que vous daignerez me pardonner.
» J'ai été élevé dans de bons principes,
« et, sans avoir reçu une éducation supé-
« rieure, j'en connaissais cependant assez
« pour être bon ouvrier, et surtout bon
« époux et bon père de famille.
« A vingt-deux ans, j'épousai une femme
« charmante et adorable, qui possédait
« toutes les qualités pour accomplir ses de-
« voirs d'épouse et de bonne mère.
« La paix, la tranquillité régnaient dans
« notre intérieur; nous étions heureux en
« travaillant, et si parfois la misère, les ma-
« ladies venaient nous accabler, nous nous
« en aimions que d'avantage. Notre amitié,
« nos liens se resserraient plus étroitement
« et nous nous consolions réciproquement
« dans l'espoir de rencontrer des jours meil-
« leurs.

« Jamais une plainte amère n'est venue
« sur nos lèvres pour maudire notre desti-
« née, nous restions calme et nous avions
« foi dans l'avenir.

« Hélas! cet heureux temps de misère a
« passé comme le vent.

« Quelques années après notre mariage
« nous eûmes deux garçons charmants qui
« faisaient la joie de notre ménage. A dix-
« huit ans, c'étaient de bons et sages ou-
« vriers.

« La guerre franco-allemande de 1870-
« 1871 éclata, ils furent appelés sous les
« drapeaux et furent tués dans les combats
« livrés sous les murs de Paris. Un mois
« plus tard ma femme mourait de chagrin et
« de privations.

« Depuis ce fatal moment j'ai toujours
« lutté avec énergie contre le malheur qui
« m'avait frappé dans mes plus chères affec-
« tions.

« J'ai en vain cherché dans le travail un
« remède à mes souffrances morales; mais
« pour cause de santé et de vieillesse, je
« voyais se fermer sur moi les mêmes portes
« d'ateliers qui s'ouvraient jadis quand
« j'étais jeune et bien portant.

« N'espérant plus de personne le moindre

« soulagement, je cherche une consolation
« dans la mort.

    « Adieu ! et pardonnez-moi. »

    La société ne serait-elle pas plus coupable
que cet homme ?

SIMPLE RÉFLEXION

SIMPLE RÉFLEXION

———

La lettre navrante du « pendu de Versailles » vient de me conduire à la rêverie
et à une étude approfondie sur l'avenir et le
bien être de la vieillesse.

La société ne doit-elle pas quelque chose
à ces dévoués et obscurs travailleurs qui ont
contribué partiellement au développement
du commerce et de l'industrie, qui sont res-
tés dans le chemin du devoir malgré tous les
revers, les vicissitudes de la vie, et qui pour
cela n'ont pu s'amasser un modeste pécule?
Si, la société leur doit beaucoup.

Quelle que soit la position sociale du travailleur âgé, on devrait, s'il ne l'a pas, lui
donner le bien-être, un repos tranquille et

justement mérité. Tout en travaillant, il lui est extrêmement difficile, avec les charges pénibles de l'existence, de parvenir à se créer un faible capital pour la vieillesse.

Les enfants à élever, les maladies qui peuvent survenir, le chômage, les surcroits de dépense prélevés sur la journée d'un travailleur, que peut-il lui rester pour constituer un capital?

Mais rien, ou presque rien.

Je prends au hazard un ménage conduit et géré avec ordre.

Ce ménage est composé : du père, de la mère et de deux enfants.

La journée moyenne du père est de 6 fr. environ, et quelquefois moindre.

Quant au travail de la mère, et surtout avec des enfants, il ne faut pas y compter.

Cette famille, tout en observant la plus stricte économie, ne peut faire différemment que de dépenser par jour :

Nourriture.	4 fr. 00 c.
Entretien.	« 25 «
Chauffage et éclairage.	« 75 «
Loyer..	« 70 «
Frais divers..	« 30 «
Total,.	6 « 00 c.

Sa dépense égale donc son gain.

Tout en faisant beaucoup pour la vieillesse, les institutions actuelles sont devenues insuffisantes.

Il est vrai que nous avons la supériorité sur nos voisins, car :

En Angleterre, il n'y a que. .	8	asiles.
En Écosse..	3	«
En Suisse.	1	«
En Espagne.	10	«
En Belgique..	2	«

M. l'abbé Le Pailleur fonda, en 1840, l'asile des Petites-Sœurs-des-Pauvres, qui rend de grands et véritables services, mais qui malheureusement de nos jours est loin de nous suffire.

En France il y a environ 80 asiles où les vieillards, sans aucune ressource, trouvent de quoi vivre, grâce au dévouement des petites sœurs des pauvres qui demandent pour eux la charité.

Malgré ces 80 asiles et l'administration de l'assistance publique, nous pourrions encore mieux faire. Pourquoi n'essayerions-nous pas?

La force, la puissance et la richesse d'un peuple, émanent beaucoup du travailleur, de son honnêteté ainsi que de sa soumission aux lois de son pays.

Ce n'est que par l'union, la concorde, et avec des institutions établies sur des bases solides et durables, que la nature humaine peut se rendre souple et respectueuse à tout ce qui l'entoure et la gouverne.

Il y a peut-être un remède radical à cette plaie sociale! Mais ce remède ne peut s'appliquer efficacement qu'avec le désir et la ferme volonté d'un grand sacrifice.

Vouloir, c'est pouvoir.

Donnons à l'honnête travailleur, à celui qui n'a aucun moyen d'existence, aux sexagénaires des deux sexes ayant eu une conduite parfaite et irréprochable, donnons à à tous ces martyrs du travail une rente viagère de cinq, six cents francs, ou plus s'il y a moyen, et nous aurons rendu un immense service à la société entière.

En France le revenu moyen des départements était, sous l'empire, de :

	1,600,000,000
Celui de Paris de.	200,000,000
Total.	1,800,000,000

Les recettes de l'État pour l'année 1877 étaient basées comme suit :

IMPOTS DIRECTS

Contributions directes. .	388,179,000 fr.
Taxes assimilées.	24,291,600 «
Produits des domaines. .	13,986,451 «
— des ponts. . . .	38,548,680 «
Droits d'enregistrement. .	620,619,000 «
Les douanes.	273,730,000 «
Total..	1,359,354,731 «

IMPOTS INDIRECTS

dont le rendement est subordonné à la richesse publique

Recettes.	1,040,767,000 fr.
Produits divers.	53,117,739 «
Versement annuel de la Société algérienne. . .	3,500,000 «
Total..	1,097,384,739 «

RECETTES RÉUNIES

	1,359,354,731 fr.
	1,097,384,739 «
Total général. .	2,456,739,470 «

En prélevant seulement 0 fr. 02 c. par fr. sur ces recettes de 2,456,739,470 francs, le budget de 1878 est à peu de chose près le même, on obtiendrait annuellement la somme de 49,134,789 fr. 40 c.

Or, en prenant comme base le chiffre rond de 50 millions, et en répartissant cette somme entre 100,000 individus âgés de soixante ans (population estimée susceptible de recevoir la rente au début), on pourrait donc donner par tête 500. fr. de rente annuelle.

Il est presque certain que par la pratique ces chiffres pourraient être modifiés avantageusement. Cette Société nationale et philanthropique serait une des plus riches et des plus grandes institutions de notre siècle.

En outre, elle donnerait la richesse et la prospérité aux diverses sociétés de secours mutuells, en ce sens que le nombre des secourus se trouverait d'une part diminué et de l'autre les dons à distribuer seraient répartis avec plus de largesse.

Le travailleur qui sur la fin de sa carrière aurait en perspective une récompense lucrative aux misères de la vie, chercherait par tous les moyens possible à profiter du bienfait mis à sa disposition, sous condition expresse d'une vie droite, sage et honnête.

Il est évident que ce système le maintiendrait dans la voix de l'honneur et de la vertu. Sa conduite serait plus régulière. Il signalerait cet héritage bienfaiteur à ses enfants, qui s'appliqueraient aussi à suivre et à marcher sur les traces de leur père.

Les crimes, les suicides de toutes natures qui sont souvent, hélas! ou pour mieux dire presque toujours, la coséquence des vices, d'une existence pauvre et malheureuse, se réduiraient à la plus petite expression.

Les mœurs et la société y gagneraient. Aux yeux du monde entier notre pays aurait pris l'initiative et serait le promoteur d'une grande œuvre humanitaire qu'aucun peuple jusqu'à ce jour n'a tenté.

Il est vrai, et je le répète, c'est un très-grand sacrifice et surtout une lourde charge de grever encore nos impôts élevés. Mais quand on verrait un travailleur estropié, un vieillard impotant, une mère infirme ou une veuve chargée de famille, recevoir environ deux francs par jour, et que, dans la rue, la misère ne nous tendrait plus la main, alors on s'inclinerait et on reconnaîtrait que les deux centimes imposés étaient pour créer une œuvre heureuse, utile à tous, et une institution aussi sublime que remarquable.

L'union, la joie, la paix seraient dans tous les cœurs. Chacun travaillerait avec courage et espérance, et si d'un côté il y avait dépense, de l'autre le gain serait au centuple, car ce serait la prospérité, l'avenir glorieux de notre chère et belle France.

UN

JOUR D'HIVER

UN JOUR D'HIVER

Regardez, comme la campagne est triste et lugubre ! Presque tous les arbres sont dépouillés de leurs feuilles jaunies, quelques-unes seulement s'agitent encore à la brise, et semblent vouloir résister au sort qui les attend.

Le ciel est d'un gris noirâtre.

Le silence qui règne dans la nature n'est troublé que par le vent du nord froid et glacial qui souffle par rafales et avec violence.

La neige commence à voltiger dans l'espace et tombe en flocons serrés.

Tout ce qui a vie dans la nature cherche un abri protecteur.

Bientôt tous les sentiers, toutes les issues conduisant au hameau seront cachés et obstrués par la neige.

Ah! malheur au voyageur attardé dans la montagne, et dont la route et les chemins lui sont inconnus.

Voyez là-bas ce laboureur enveloppé dans sa limousine blanchie : voyez comme il aiguillonne ses deux beaux bœufs gras, afin de presser et d'activer un peu leur marche lourde et lente.

Son attelage paraît fatigué, sans doute il l'aui accéléré pour terminer avant le mauvais temps, les sillons qui restaient à labourer. Aussi voilà ses bœufs qui rentren' à l'étable; ils pourront se reposer longuement de leur lassitude forcée.

Pendant ce temps de repos, le laboureur au coin de son âtre et entouré de sa femme et de ses enfants, puisera de nouvelles forces pour la saison prochaine.

Voyez, plus loin, ce berger descendant de la colline; il est suivi par son troupeau qu'il a confié à la garde et à la surveillance de ses deux chiens intelligents et fidèles.

Sans trop regretter leurs beaux pâturages, les moutons regagnent à la hâte la bergerie chaude et confortable.

Le troupeau, poursuivi par les chiens, avance plus vite que le berger, mais d'un geste et d'une parole de celui-ci, ses deux aides-gardiens le comprennent; alors ils retardent leur course, ils se contentent seulement d'aller et de venir en tous sens, tout en veillant sur les retardataires qui pourraient tomber dans un précipice ou bien s'égarer du troupeau.

Les oiseaux ne chantent plus, les pigeons ramiers, les tourterelles, les pinsons, qui souffrent un peu moins du froid que les autres volatiles, sont rentrés quand même sous leurs abris.

Ils se blotissent, gonflent leurs plumes et se serrent les uns contre les autres pour s'entretenir un peu de chaleur.

C'est que toutes ces petites bêtes ailées ressentent déjà le froid dur et rigoureux.. Ils n'ont fait aucune réserve pour le lendemain, mais l'Être suprême pourvoiera à leur nourriture de chaque jour.

Les plus hardis se rapprochent des habitations du hameau, ils cherchent un refuge dans les granges, les greniers, sous les toits, dans les trous des vieilles murailles et jusque dans les étables et les écuries.

On les voit souvent dans les basses-cours

du paysan, au milieu des poules et des pigeons domestiques; ils guettent, ils épient attentivement chaque mouvement de la poule; lorsque celle-ci gratte le sol et met à jour quelques petits grains égarés, ils s'emparent alors avec agilité de leur butin et ils regagnent vivement leur réduit; néanmoins ils vivent tous en assez bonne harmonie. Ce manége est répété bien des fois dans la journée.

Le pauvre, en sa mansarde, à moitié vêtu, sans pain ni feu, espère et attend avec anxiété que les âmes charitables viennent soulager sa misère. Son regard et sa pensée se reportent sans cesse vers le printemps futur qui, selon lui, doit ramener dans sa famille le bonheur et le bien-être.

Et le poitrinaire, lui, n'espère qu'en Dieu!

UNE IDÉE

UNE IDÉE

———

Le français est un peuple sympathique par excellence. Il est compatissant au malheur d'autrui, et s'il s'agit d'une bonne action, il se met spontanément à l'œuvre.

Des idées ingénieuses surgissent de son cerveau. Il veut, et il s'empresse de secourir son prochain dans la mesure de ses forces et selon ses moyens.

Des souscriptions, des fêtes et des concerts s'organisent alors aux quatre points cardinaux de la France au profit des victimes à soulager.

Les catastrophes récentes du puits Jabin, à Saint-Étienne, et des mines de Graissessac en sont une preuve frappante et remarquable.

Quoique l'élan généreux qui s'empare et domine le cœur français, soit du sublime au plus haut degré, cet enthousiasme n'est pas suffisant quand il y a possibilité de mieux faire.

En attendant que la science puisse trouver un remède efficace et radical à cette calamité, on pourrait néanmoins atténuer cette destruction humaine.

Par exemple, au lieu de soumettre tous les condamnés à un travail forcé en les exilant aux régions lointaines, ne pourrait-on pas en distraire un certain nombre qui serait destiné spécialement aux travaux des mines? Surtout les condamnés à mort... Pour ces derniers le chef de l'État, s'il le jugeait convenable, pourrait commuer leur peine en celle de travaux aux mines.

Il est toujours pénible d'enregistrer la mort d'un être quelconque, maix aux yeux du genre humain la perte d'un condamné mineur ne saurait avoir la même portée que celle d'un honnête homme, puisque par l'effet de sa condamnation il n'existe déjà plus ni pour sa famille, ni pour la société.

Qui sait si parmi cette catégorie de cri-

minels quelques-uns ne rentreraient pas
au milieu du monde avec de meilleurs sen-
timents?

Une loi, ajoutée au code criminel et pu-
nissant le coupable de cinq, dix ou vingt ans
de travaux aux mines, rendrait peut-être
service à l'humanité.

Pourquoi ne pas tenter ce moyen, dont
on peut réaliser si facilement l'exécution.

La pratique seule peut faire connaître et
apprécier le résultat qu'on obtiendrait par
cette idée émise.

Ce genre de condamnation existait déjà
chez les anciens. Les esclaves et les prisonniers étaient chargé de l'écrasement du
blé.

A cette époque ce travail était considéré
comme le plus pénible.

Plaute, le poëte comique, né en Ombrie
vers l'an 254 avant Jésus-Christ, tournait
également la meule tout en méditant ses
comédies.

Samson, prisonnier des Philistins, fut
condamné à tourner la meule.

Les Égyptiens crevaient les yeux à leurs
criminels, puis ils les soumettaient au travail
de la meule au blé.

Chez les Romains ce travail était fait par les prisonniers de guerre et les esclaves. — Chez nous celui des mines pourrait se faire par les condamnés.

L'ORDRE

L'ORDRE

L'ordre est la base unique et fondamentale pour régir et mener à bonne fin toutes les actions journalières.

Bienheureux celui qui possède cette qualité, car elle lui procure la prospérité, la tranquillité du cœur, la paix intérieure, le calme et le repos de l'esprit.

Cette qualité est en outre le point de départ indispensable dans la vie humaine à tout être pratique et méthodique qui tient à bien administrer et à faire honneur à ses affaires.

Sans l'ordre aucune entreprise sérieuse n'est possible. Avec l'ordre tout est facile et on peut s'éviter bien des désastres et des incidents fâcheux.

Le savant, l'homme de génie, l'homme d'État, le grand politique, l'organisateur, l'administrateur perdra tous ses droits, ses priviléges acquis et son autorité, s'il n'a l'ordre pour guide et pour principe.

Pour l'homme actif et intelligent l'ordre lui donne encore plus de clarté, plus de netteté dans ses idées, dans ses expressions et son jugement, l'exécution de son travail se trouve simplifié et bien plus facile, il éprouve moins de difficultés, moins de peine et par conséquent il ne subit aucune perte de temps.

L'ordre ne peut s'acquérir du jour au lendemain.

Dans le cours de l'existence on contracte et on pratique peu à peu des habitudes dont il est presque impossible de se départir ensuite.

C'est pourquoi l'enfance devrait être habituée de bonne heure aux règles de l'ordre, aux choses régulières, l'initier aux plus petits détails de la vie de ménage, en lui démontrant que chaque objet chez soi doit avoir sa place et chaque chose son temps. Bien conduire son petit budjet, baser sa dépense sur sa recette.

L'enfant élevé de cette manière prendra forcément goût au travail, il s'y appliquera d'une façon toute particulière ; il grandira avec des idées saines, sérieuses, et il deviendra par son bon sens, son jugement loyal et raisonné, un homme fort et énergique, au besoin calme et impassible en présence des événements malheureux.

On ne saurait trop lui apprendre et lui rappeler cette maxime philosophique de B. Franklin.

« Faute d'un clou le fer d'un cheval se perd ; faute d'un fer on perd le cheval, et faute d'un cheval le cavalier lui-même est perdu, parce que son ennemi l'atteint et le tue, et cela pour n'avoir pas fait attention à un clou au fer de sa monture.

UN ORAGE

A

SAINT-JEAN-DE-BEAUREGARD

UN ORAGE A
SAINT-JEAN-DE-BEAUREGARD

Saint-Jean-de-Beauregard, canton de Limours (Seine-et-Oise), est une bourgade d'environ deux cents habitants.

Ce petit village, bâti en amphithéâtre au soleil levant et sur le sommet d'une colline, est environné de montagnes, de bas-fonds et de vallons boisés d'un effet charmant et pittoresque.

Ce terrain, très-accidenté, est planté d'arbres de toute nature.

Le chêne et le châtaigner y poussent d'une façon merveilleuse.

Tous les douze ou quinze ans on coupe et on abat les taillis pour le commerce; de place en place les plus beaux et les plus gros arbres sont réservés pour servir à la fabrication de la charpente.

Le 24 septembre 1852, vers onze heures du soir, une tempête effroyable se déchaîna sur toute la contrée.

Cependant le plus fort de l'orage s'était principalement concentré au-dessus d'un bois en exploitation formant bas-fond, et dominé par des collines assez élevées.

Durant toute la soirée le tonnerre n'avait cessé de gronder et de rouler dans le lointain.

Les éclairs sillonnaient l'espace avec une rapidité prodigieuse et sans interruption.

Le vent soufflait par rafales et faisait entendre dans la forêt son sifflement aigu et plaintif.

A la lueur des éclairs on eut pu voir un charbonnier et sa femme agenouillés au milieu de leur cabane et priant le Créateur.

Pendant une heure l'orage s'était à peu près maintenu au même degré, mais à minuit il redoubla et parut être dans toute sa force et son intensité.

Le cheval du charbonnier fut tellement effrayé qu'il pénétra dans la cabane commé pour y chercher un refuge, un abri, et peut être une consolation auprès de son maître.

Celui-ci lui jeta vivement sur les yeux deux ou trois sacs à charbon pour lui soustraire l'éclat et le feu étincelant des éclairs.

A la vue de cet ouragan ce charbonnier était sous le coup d'une frayeur indescriptible; il enlaça sa femme de ses deux bras forts et vigoureux, et ils se cachèrent sous leur lit de mousse et de feuilles en attendant la mort qu'ils croyaient bien près d'eux.

Ils sont seuls au milieu de la tourmente et cependant ils ne doivent pas mourir. Dieu veut sans doute les éprouver et les conserver pour être témoin de l'effet de sa toute-puissance.

A minuit trente minutes le vent soufflait et mugissait à travers les arbres avec une extrême violence en éparpillant et en emportant dans la forêt le fourneau de charbon qui était à la cuisson, le feu se répandit alors de tous côtés et menaçait d'envahir la forêt toute entière.

Le tonnerre grondait toujours impérieusement, le ciel était en feu, une pluie diluvienne inondait le terrain. Cette fois l'ouragan était à son comble.

Ce fut alors un vrai désastre !

Les arbres se brisèrent, se déracinèrent et tombèrent pêle-mêle avec un fracas formidable.

La terre trembla et parut vouloir s'entrouvrir.

Des chênes de la grosseur d'une futaille n'ayant pu être déracinés, arrachés, furent par la violence du vent et de la foudre, brisés, tordus et cassés à un mètre du sol, et la partie restante fut fendue en une centaine de morceaux exactement comme par la main d'un ouvrier treillageur.

Après l'orage on ramassait, par milliers, des oiseaux tués par la tourmente.

Jamais le pinceau du peintre ne pourra reproduire exactement ce triste tableau.

De dix lieues à la ronde, et pendant plus d'un mois, les curieux sont venus visiter les effets de cet ouragan.

Dans ce désastre la femme seule du charbonnier fut blessée légèrement à la tête par le renversement d'un arbre cassé, et deux mois après, par suite de cette frayeur, elle mourait d'aliénation mentale.

Tout ce que ces pauvres gens possédaient

dans leur cabane fut anéanti, dispersé en tous sens et emporté par les rafales.

Tous les visiteurs furent émus de cette scène désastreuse, et ne se retirèrent qu'après avoir déposé une pièce de monnaie dans un espèce de tronc que le charbonnier avait fabriqué grossièrement et placé à l'un des arbres qui restaient encore debout, mais qui était complétement dépouillé de ses branches et de son écorce.

TABLE

	Pages
Une preuve d'esprit.	7
Une bonne leçon.	13
Le Mort vivant.	21
Zélia.	29
Le Repentir d'un forçat.	45
Le Pendu de Versailles.	53
Simple réflexion.	59
Un jour d'hiver.	69
Une idée.	75
L'Ordre.	81
Un orage à Saint-Jean-Beauregard.	87

Paris. — Typ. A. H. Bécus, 16, rue Mabillon.

www.ingramcontent.com/pod-product-compliance
Lightning Source LLC
LaVergne TN
LVHW050630090426
835512LV00007B/773